Les fondus du JARDINAGE

Dessins
Di Martino

Scénario
Hervé Richez et Christophe Cazenove

Couleurs
Alexandre Amouriq & Mirabelle

BAMBOO ÉDITION

www.bamboo.fr

Couleurs de couverture : Benoît Bekaert

116, rue des Jonchères - BP 3
71012 CHARNAY-LÈS-MÂCON cedex
Tél. 03 85 34 99 09 - Fax 03 85 34 47 55
Site Web : www.bamboo.fr
E-mail : bamboo@bamboo.fr

PREMIÈRE ÉDITION
Dépôt légal : 978-2-35078-389-5
ISBN : mai 2008

Imprimé en France par PPO Graphic, 91120 Palaiseau
Printed in France

THIERRY, THIERRY, THIERRY ! J'AI TERMINÉ LE PLAN DU JARDIN !
REGARDE, REGARDE !
ZZZ !?...
GRMPFF ?!
CE SERA NOTRE PETIT PARADIS NATUREL À NOUS... JE SUIS SÛRE QUE TU VAS AIMER !
?!
SI TU AS PRÉVU DES ARBRES POUR ACCROCHER LE HAMAC, OUI !
TU VOIS, DE CE CÔTÉ-LÀ, JE PLANTERAI LES FRAISIERS, PUIS LES ROSIERS UN PEU PLUS LOIN...
SUR LE BORD, JE METTRAI DES PLANS DE TOMATES, ET DE L'AUTRE CÔTÉ, DES POMMES DE TERRE.
DANS CE CAS, IL FAUT QUE TU SACHES QUE DE CE CÔTÉ-LÀ TU AURAS DES FRELONS ET DES PUCERONS...
?!
SUR LE BORD, TU AURAS SÛREMENT DES DORYPHORES...
!
... ET DE L'AUTRE CÔTÉ, DES ARAIGNÉES ROUGES !
ARAIGNÉES !!!
BAH, OUI... EN FIN DE COMPTE ELLE A CHOISI DE BÉTONNER !
VRRRR...
?
CIMENT

J'SUIS SUPER MÉGA À BLOC EXCITÉE !
ÇA NE SE VOIT PAS DU TOUT !
J'AI SURPRIS THIERRY EN TRAIN DE VISITER DES SITES INTERNET CONSACRÉS AUX CHEVAUX !
J'AI TOUJOURS DIT QUE C'ÉTAIT UN OBSÉDÉ !
ET CE MATIN JE L'AI ENTENDU PARLER AU TÉLÉPHONE AVEC UN ÉLEVEUR DE PUR-SANG ! TU IMAGINES ? DE PUR-SANG !
LE BEST DU BEST !
SLURP
JE LUI EN AI PAS PARLÉ POUR PAS LUI GÂCHER LA SURPRISE DE ME FAIRE LA SURPRISE !
ÇA ME SURPREND PAS !
MON CHÉRI VA CONCRÉTISER MON PLUS VIEUX RÊVE : AVOIR MON CHEVAL À MOI, ET LE MONTER DANS MON TOUT BEAU JARDIN !
J'Y CROIS PAS !
ALLÉ-LUIA !
TUT TUT TUT
C'EST LUI !
ÇA Y EST !
LE VOILOU...
FAUT QUE JE RESTE NATURELLE...
SURPRIIIIISE !!!
DU FUMIER DE PUR-SANG ! T'IMAGINES ?
AVEC ÇA, ON AURA UN JARDIN MAGNIFIQUE...
MON RÊVE !
FUMIER

?
BEN... ON DIRAIT QUE C'EST PAS LA FORME PIANG ?
TU PEUX LE DIRE, JE PASSE UN TEMPS INOUÏ À SOIGNER MON GAZON !
JE DÉPENSE UNE FORTUNE EN PRODUITS D'ENTRETIEN...
SULFATE DE FER, ENGRAIS À BASE DE FUMIER DE CHEVAL, MAIS DE COURSE, CE QUI EST PLUS CHER !
JE PASSE UN SCARIFICATEUR À AIGUILLES EN TITANE.
J'Y METS UNE CRÈME DE JOUR, J'UTILISE DU SEMIS, MAIS PAS N'IMPORTE LEQUEL...
...DU SEMIS DE MÊLÉE PARCE QUE C'EST CE QU'IL Y A DE PLUS COSTAUD.
ET MALGRÉ TOUT CELA, JE N'ARRIVE TOUJOURS PAS À AVOIR UNE PELOUSE IMPECCABLE ! BOUHOUHOU...
HUM, JE VOIS. TU SAIS PIANG...
TU DEVRAIS PEUT-ÊTRE JUSTE DÉPLACER TON ARROSEUR DE TEMPS EN TEMPS ...
AH, TU CROIS ?...
KSST KSST KSST

Marlb
?!
TUNK
TUNK
TUNK
TUNK
TUNK
DING
CROIS-MOI... C'EST ICI QU'ELLES AURONT LE PLUS DE CHANCE DE POUSSER !
?
?
TOUTOU

C'EST VRAIMENT TRÈS SYMPA DE NOUS AVOIR INVITÉS À CASSER LA GRAINE AVEC VOUS...
CASSER LA...?
DIS, C'EST UN VRAI REPAS AVEC NOS PRODUITS DU JARDIN !
QU'EST-CE QUE VOUS NOUS AVEZ PRÉPARÉ DE BON ?
ALORS, EN ENTRÉE, ON VOUS A FAIT DES CAROTTES RÂPÉES AGRÉMENTÉES DE PERSIL HACHÉ, DU JARDIN LUI AUSSI...
VIN
VOUS DÉGUSTEREZ ENSUITE UNE PURÉE DE POMMES DE TERRE, SAUCE À LA TOMATE FRAÎCHE, PELÉE ET BROYÉE...
LE TOUT ACCOMPAGNÉ D'UNE PETITE SAUCE À LA CIBOULETTE DU JARDIN COUPÉE MENUE.
PUIS, VOUS VOUS RÉGALEREZ AVEC UN CHAUD-FROID DE COURGETTES/ AUBERGINES/POIVRONS ÉMIETTÉS ET RELEVÉ D'UN FILET D'HUILE D'OLIVE.
ET ÇA, C'EST QUOI ?
LE DESSERT : UNE SALADE DE FRUITS ROUGES FRAIS ET TRAVAILLÉS EN COULIS AVEC UN PEU DE LA SAUCE TOMATE DE L'ENTRÉE !
BEN, TU NOUS A GÂTÉS, RÉGINA !
THIERRY M'A BEAUCOUP AIDÉE !
TOI, TU AS PASSÉ TA TONDEUSE TRACTÉE DANS LE POTAGER !?
BEN... ELLE M'A ÉCHAPPÉ !
4

ÇA Y EST ? TU VAS ATTAQUER LE BASSIN ?
?
PAS ENCORE MA CHÉRIE, IL FAUT QUE JE TAILLE D'ABORD LA HAIE !
MAIS, TU L'AS FAIT HIER, AVANT-HIER, ET AVANT, AVANT-HIER !
JE L'AI COMMENCÉE MAIS JE N'AI PAS ENCORE TERMINÉ...
TU SAIS, JE FAIS TOUT À LA MAIN, À L'ANCIENNE !
BON, BEN DÉPÊCHE-TOI, CAR J'AIMERAIS QUE TU CREUSES LE BASSIN AVANT L'AUTOMNE, IL Y A DE QUOI FAIRE !
IL FAUT CREUSER UN TROU DE SIX MÈTRES SUR TROIS...
PUIS FAIRE UNE TRANCHÉE POUR AMENER L'EAU...
QUE TU BÉTONNES LE TROU...
QUE TU SCELLES LES PIERRES DE DÉCORATION APRÈS AVOIR FIXÉ LE LINER, ET QUE ...
BON, NE PERDONS PLUS DE TEMPS... JE VAIS FINIR LA HAIE, SINON JE NE POURRAI JAMAIS COMMENCER !
CHLOÉ, OÙ AS-TU MIS LE CISEAU À ONGLES ?
BEN... JE N'Y AI PAS TOUCHÉ !
FAUT ABSOLUMENT QUE JE TIENNE JUSQU'À L'AUTOMNE !
CLIC
7

AAAH !
?
DIS DONC, THIERRY, TU CROIS QUAND MÊME PAS QUE C'EST MOI QUI VAIS LE FAIRE ?
?
C'EST BIEN LES HOMMES, ÇA ! TU M'AVAIS PROMIS QUE TU T'OCCUPERAIS DU JARDIN ET, LÀ, TU PARS FAIRE UN TENNIS COMME SI DE RIEN N'ÉTAIT !
MAIS PAS DU TOUT, JE T'ASSURE QUE JE COMPTAIS BIEN RETOURNER LA TERRE DU JARDIN !
AVEC UNE BALLE DE TENNIS !? TU ME PRENDS VRAIMENT POUR UNE ANDOUILLE ?
LE VOISIN ME L'A PRÊTÉ POUR LA MATINÉE.
WOUF
EFFICACE, NON ?
GNAP !

AH ÇA Y EST, ELLES SONT ENFIN SORTIES DE TERRE TES SALADES !?
AYÉ ! SORTIES, RENTRÉES, SORTIES, RENTRÉES, SORTIES, RENTRÉES...
PFFF... 'SUIS CREVÉ MOI !
SORTIES, RENTRÉES ? MAIS, DES SALADES, ÇA NE SE PLANTE QU'UNE FOIS, ÇA NE SE DÉPLANTE JAMAIS !
P'TÊT... MAIS MOI, ELLES SONT TOTALEMENT BIO MES SALADES, C'EST POUR ÇA !
TOTALEMENT BIO ?
DRRRiiiiiiiNNNG
!!!
ARGH ! C'EST L'HEURE !
?
?
C'EST BIEN LE BIO, MAIS C'EST CREVANT !
AH D'ACCORD, JE COMPRENDS, TU N'UTILISES PAS DE PESTICIDES !
OUAIS, ET TOUTES LES TROIS HEURES, JE SUIS OBLIGÉ DE BOUGER LES SALADES POUR QUE LES LIMACES NE LES BOUFFENT PAS... PFFF... 'SUIS CREVÉ MOI !
5

CONSEIL de JARDINAGE : Ne confondez pas tuyau d'arrosage et nettoyeur haute pression...

AH, ÇA C'EST UNE SUPER IDÉE, FAIRE UN REPAS OÙ CHACUN APPORTE LES SPÉCIALITÉS DE SON JARDIN.
J'AI MÊME DU MAL À CROIRE QUE C'EST THIERRY QUI L'A EUE !
BON, ALLEZ ! ON ATTAQUE !
POUR L'ENTRÉE, ON A PRÉPARÉ UNE SALADE AVEC NOS MONSTRUEUSES TOMATES. 1,8 KG POUR LA PLUS CHÉTIVE ... ET UN GOÛT, UN PARFUM !
D'AILLEURS, JE M'EN SERS AUSSI COMME DÉO !
ON POURSUIT AVEC MES RADIS CUEILLIS IL Y A DOUZE MINUTES, ET UN GRATIN DE MES POMMES DE TERRE À MOI ! ASSAISONNÉES DE MA CIBOULETTE !
MOI J'AI CUISINÉ MES COURGETTES ET MES AUBERGINES... ET COMME JE SUIS LA REINE DES COURGES, JE VOUS AI PRÉPARÉ UNE SOUPE.
REINE DES COURGES, TIENS DONC!
POUR MA PART, J'AI RÉCOLTÉ MES SALADES... CLASSIQUES, COMME LA LAITUE, LA BATAVIA OU LE CRESSON...
ET PLUS RARES, COMME LA CELTUCE...
OU L'OREILLE DU DIABLE !
ET TOI, PIANG, TU AS RÉUSSI À RÉCOLTER QUELQUE CHOSE DANS TON JARDIN ?
EUH... BIEN SÛR !
ENFIN... SI VOUS AIMEZ LES ESCARGOTS !
8

SURTOUT, VOUS NE TONDEZ QU'UNE FOIS TOUS LES QUINZE JOURS EN PÉRIODE DE FORTE CHALEUR, ET VOUS ÉPANDEZ EN JUILLET UN ENGRAIS DE FOND QUI PERMET DE DÉVELOPPER LES RACINES...
JARDISHOP
IKEO
... VOILÀ, MONSIEUR.
MERCI.
...
CUTILLAGE
NE L'ÉCOUTEZ PAS... SES CONSEILS, C'EST N'IMPORTE QUOI !
MAIS... POURQUOI VOUS DITES ÇA ?
PARCE QUE JE M'Y CONNAIS EN PELOUSE, ET QUE POUR AVOIR UN BON GAZON IL FAUT TONDRE TOUS LES JOURS !
TOUS LES JOURS ?
AFFIRMATIF ! ET SURTOUT, TRÈS IMPORTANT, NE METTEZ AUCUNE FLEUR AUTOUR !!! PAS DE FIORITURES.
AH BON ?
C'EST LE SECRET !
MAIS C'EST PAS TOUT ! IL FAUT ARROSER MIDI, SOIR ET MATIN, SAUF LE SAMEDI SOIR OU LE DIMANCHE APRÈS-MIDI !
VOUS ÊTES SÛR ?
CERTAIN ! JE SUIS JARDINIER PROFES-SIONNEL DEPUIS 25 ANS !
MIKET
ET RAPPELEZ-VOUS ! TONDEZ TOUS LES JOURS !
OUI... JE... JE VAIS LE FAIRE !
SAUF LE DIMANCHE !
CAISSES
MAIS POURQUOI PAS LE DIMANCHE ?
VRRRRR
CE DIMANCHE
FC PALAJOY
VS
DYNAMO CLUNY
CASTING
10

GROS DÉBILE !
NABOT !
MONONEURONE !
CARICATURE !
ÇA SUFFIT ! MARRE ! ASSEZ !
PLUTÔT QUE DE PASSER VOTRE TEMPS À VOUS DISPUTER, VOUS POURRIEZ VOUS INTERESSER À DES CHOSES PLUS PASSIONNANTES...
COMME LE JARDINAGE !
PFFF ! C'EST BÂTARD LE JARDINAGE !
OUAIS, C'EST POUR LES VIEUX !
POUR LES MOMIES !
EH BIEN, VOUS ALLEZ QUAND MÊME VOUS Y METTRE, ET VOUS OCCUPER DE CES ARBRES QU'ON A PLANTÉS À VOTRE NAISSANCE.
C'EST VRAI ?
OH ?
ABSOLUMENT ! LE CERISIER POUR TOI...
ET L'ABRICOTIER POUR TON FRÈRE !
JE SAVAIS PAS...
C'EST GÉANT !
T'EN FAIS PAS PAPA...
ON VA S'EN OCCUPER.
ARBRE DÉBILE !!
CARICATURE DE CERISIER !
17

JE L'AI ! ZE DICO DU JARDINIER QUI SAIT !
Y A TOUTES LES PLANTES LÀ-DEDANS. DES EXOTIQUES À CELLES DES PIEDS ...
AVEC ÇA, KARINE, ON VA L'IDENTIFIER TA PLANTE MYSTÈRE !
POUR MOI, C'EST DE LA FAMILLE DES PISSENLITS !
VOYONS VOIR ... HUM COMMENT ELLES SONT LES FEUILLES ?
HEU... VERTES !
ET PLATES !
BEN NON, ÇA Y EST PAS !
EN TOUT CAS, ELLE EST JOLIE, REGARDE !
IL EST NUL CE BOUQUIN !
ÇA ME RAPPELLE UN TRUC QUE J'AI APERÇU VAGUEMENT À LA TÉLÉ, JE SAIS PLUS TROP QUAND...
ENFIN, DU CONCRET !
T'AS ESSAYÉ D'EN FAIRE DES SOUPES OU DES INFUSIONS ?
JE PRÉFÈRE SAVOIR CE QUE C'EST AVANT !
HÉ, ON N'A QU'À ALLER DEMANDER AU GARS DU JARDISHOP !?
BONNE IDÉE !
ON Y VA !
BIEN SÛR QUE JE CONNAIS... C'EST DU PANAIS ! ...
UNE VARIÉTÉ URTICANTE... UNE VRAIE SALOPERIE À NE PAS TOUCHER ...
SAUF SI VOUS AIMEZ AVOIR DES BOUTONS ET VOUS GRATTER !
?! ?

TSS
TSS...
PAS PAR LÀ ... C'EST DU SOLEIL QU'IL LUI FAUT !
!?
TSS
TSSS!
J'AVAIS PAS VU QU'IL Y AVAIT LE ROSIER JUSTE À CÔTÉ... ÇA PEUT PAS ALLER !
FAUT QUE TU L'ÉLOIGNES LE PLUS POSSIBLE !
HAN !
STOP ! ON EST EN PLEIN SUR UN PASSAGE D'ESCARGOTS. TA PLANTE VA SE FAIRE BOUFFER !
ICI ! C'EST PARFAIT ! LE LIEU IDÉAL !
!?
ALORS ? C'EST QUAND MÊME PLUS BEAU QUAND C'EST PLANTÉ COMME IL FAUT !
J'EN AI DANS LE BULBE, Y A PAS À DIRE...
16

PIANG
Lundi 14h00
TIÉRY VIEN DAN MON JARD1. BESOÎN 2 TOI.
menu
repert
C
OK
ILS BOUFFENT TOUTES MES CERISES !
DE PIAFS !
TU AS DES CD ?
POUR QUOI FAIRE ?
C'EST TOUT BÊTE, C'EST L'ÉPOUVANTAIL MODERNE...
TU ACCROCHES PLEIN DE CD DANS L'ARBRE ...
LE SOLEIL SE REFLÈTE SUR LA FACE ALU DU CD ET, AVEC LE MOUVEMENT DU VENT, ÇA ÉBLOUIT ET FAIT DÉGUERPIR LES OISEAUX.
GÉNIAL !
COOL... JE VAIS EN INSTALLER PLEIN TOUT DE SUITE !
PIANG
Lundi 17h00
TIÉRY VIEN DAN MON JARD1. BESOÎN 2 TOI.
menu
repert
C
OK
RIEN À FAIRE, J'AI MIS TOUT PLEIN DE CD, ET LE PILLAGE CONTINUE.
C'EST INCROYABLE QUE LES OISEAUX CONTINUENT DE VENIR.
C'EST PLUS LES OISEAUX !
AH OUI !... J'AI OUBLIÉ DE TE DIRE ...
PAS DE CD DE MUSIQUE, PIANG... QUE DES CD VIERGES...
?
MES MARIAH CARETTE !
12

?
COMMENT TU T'ES FAIT ÇA ?
EN JARDINANT ET EN VOULANT RÉPONDRE AU TÉLÉPHONE...
JE DEVAIS PLANTER DES CORNES DE GLAÏEULS, J'AVAIS BÊCHÉ LEUR LIEU DE PLANTATION HUIT JOURS AVANT, EN L'ENRICHISSANT D'UN COMPOST MAISON À BASE DE PRODUITS NATURELS TOTALEMENT BIO...
J'AVAIS CHOISI DES CORNES DE GROS CALIBRE POUR AVOIR DE PLUS BELLES FLEURS. J'AI CREUSÉ DES TROUS DE 7 À 10 CM, ESPACÉS ENTRE EUX DE 15 CM...
C'EST TRÈS PRÉCIS CAR SI TU NE RESPECTES PAS LES PROFONDEURS DE PLANTATIONS, LE VENT DANS LES FEUILLAGES POURRAIT DÉ-TERRER LES GLAÏEULS.
PUIS, APRÈS AVOIR RECOUVERT DE TERRE ET TASSÉ, J'AI ARROSÉ ABONDAMMENT...
...
PSHHHH
THI... Y... TÉ... ONE...
?
PSHHH
PARDON ?
?
PSHHH
FJJ J Jiiii
CHALOR
VOILA COMMENT JE ME SUIS BLESSÉ EN JARDINANT, UN TUYAU À LA MAIN !
20

PLOUF
C'EST LA HUITIÈME FOIS QUE JE REMETS DES POISSONS DANS MON BASSIN.
TU TE RENDS COMPTE? HUIT !!!
TOUS LES AUTRES N'ONT TENU QUE QUELQUES HEURES AVANT DE SE RETROUVER LE VENTRE À L'AIR, ET JE NE SAIS MÊME PAS POURQUOI.
BRONZETTE ?
J'AI DEMANDÉ À THIERRY S'IL LEUR AVAIT DONNÉ À MANGER, MAIS MÊME PAS...
ET JE SAIS QU'IL N'UTILISE PAS DE PRODUITS CHIMIQUES À PROXIMITÉ DU BASSIN...
IL SAIT CE QU'IL RISQUE SINON !
CE QUI FAIT QUE MES POISSONS CONTINUENT DE MOURIR... SANS EXPLICATION !
?
MULTI FRUITS
AAAH!
URK
SI JAMAIS TU AS UNE IDÉE ?...
19

?
PSSHHH
MAIS... VOUS ARROSEZ BEAUCOUP TROP !
VOUS SAVEZ, CE N'EST PAS BON DE METTRE TROP D'EAU !
?
HAN!
SPLASH
N'EMPÊCHE, DEPUIS QU'ON ARROSE COMME ÇA, REGARDE LES BELLES PLANTES QU'ON A OBTENUES !
À PART QUE C'EST PAS DES PLANTES, C'EST DES **ALGUES** !!!
?
?
PSSHHH

?
?
HOLÀ THIERRY, TU VAS OÙ COMME ÇA ?
BEN... JE VAIS ÉLAGUER MON TILLEUL...
ÇA SE VOIT PAS ?
C'EST POUR ÇA QUE JE ME SUIS ÉQUIPÉ !
T'APPELLES ÇA S'ÉQUIPER !?
SÉRIEUX ?
C'EST QUELLE MARQUE TON HARNAIS ?
IL EST ASSEZ SERRÉ ?
T'AS VÉRIFIÉ L'ÉTANCHÉITÉ DE TES GANTS ?
ET TES BOTTES ?
LE CASQUE EST NEUF ?
FAIS PLUTÔT APPEL À UN PRO... ILS SONT HABITUÉS À TOMBER, EUX !
CHA VA !... LA CORDE EST CHOLIDE !
C'EST BON ! LÂCHEZ-MOI ! J'AI PAS NON PLUS ENVIE D'Y PASSER LA JOURNÉE !
GAFFE !
TIENS BON !
AÏE !
ATTENTION !
CLAC
CLAC
VOUS VOYEZ... IL N'Y A PAS DE QUOI S'INQUIÉTER...
13

QUAND ON EST BIEN ÉQUIPÉ, ON NE COURT JAMAIS AUCUN RISQUE !
ET TCHAC !
CLAC
14

LÀ, JE SUIS MÉGA IMPRESSIONNÉ !
TU M'ÉTONNES !
C'EST DINGUE LA QUALITÉ DE GAZON QU'ELLE A RÉUSSI À AVOIR !
AH, ÇA... ÇA CALME !
BON, PAR CONTRE, ELLE A QUAND MÊME TENDANCE À EN FAIRE UN PEU TROP... C'EST BEAU D'AVOIR LA MAIN VERTE, MAIS BON...
JE RISQUE PAS DE LA CRITIQUER, MOI J'AI LA MAIN JAUNE... DÈS QUE JE PLANTE UN TRUC, ÇA MEURT !
MÊME UN TUTEUR...
MAIS LÀ CHAPEAU !
ET PUIS Y A PAS UN BRIN PLUS HAUT QUE L'AUTRE... ELLE TOND SOUVENT ?
TOUS LES MATINS DÈS QU'ELLE EST LEVÉE.
SÉRIEUSEMENT, PIANG, TU TROUVES VRAIMENT ÇA NORMAL ?
BEN...
AU MOINS, C'EST ORIGINAL COMME CHAMBRE À COUCHER !!!
ÇA !
21

WAHOU ! TU AS ACHETÉ TOUT ÇA !?
OUI !
PLUS DE 6000 M2, J'AI TOUJOURS RÊVÉ D'AVOIR UN GRAND TERRAIN ...
JE VAIS POUVOIR ME FAIRE UN SUPER JARDIN ! AVEC UNE PELOUSE COMME UN TAPIS DE BILLARD !
POUR ÇA, FAUDRA QUAND MÊME QUE TU T'ACHÈTES UNE NOUVELLE TONDEUSE, CELLE-LÀ NE VA PAS SUFFIRE !
BEN SI... ELLE FONCTIONNE MÊME TRÈS BIEN !
MAIS ENFIN, TU AS 6000 M2 MAINTENANT, TU VAS METTRE DES HEURES POUR TONDRE TOUTE CETTE SURFACE !
MEUH NON ! À PEINE UN PETIT QUART D'HEURE TOUT AU PLUS...
UN QUART D'HEURE, N'IMPORTE QUOI !
ET ENCORE, PARCE QUE JE SUIS RESPECTUEUX DE LA LOI !
JE NE DÉPASSE PAS LES LIMITATIONS DE VITESSE...
VROUM
?!
28

OUAiLLE !
PAF
OUiLLE OUiLLE !
OUAiLLE !
CLAP
TSSS... C'EST CONSTERNANT !
Y EN A PAS UN QUi AiT LA MAiN VERTE !

TU VAS COMPRENDRE, SUIS-MOI ...
MAIS CHUT !
?
HUMMPFFF
WAAAAAAHH!!!
ET VOILÀ, COMME ÇA, LE SEMIS DE PELOUSE EST RÉPANDU DE FAÇON HOMOGÈNE !
AH OUAIIIIS !!! SUPER TECHNIQUE !

THIERRY NE TOND PAS CE BOUT DE JARDIN ?
?
JE CROIS QU'IL LAISSE REPOSER LA TERRE. IL NE VEUT PAS L'AGRESSER POUR MIEUX PLANTER UN POTAGER ENSUITE.
TU TE TROMPES THOMAS, MOI JE CROIS QUE C'EST PARCE QU'IL VEUT CRÉER UN ESPACE À FOIN POUR POUVOIR L'UTILISER COMME ENGRAIS.
VOUS N'Y ÊTES PAS DU TOUT, JE CROIS QU'IL VEUT METTRE UNE BREBIS OU UNE CHÈVRE ...
UN CADEAU POUR LES ENFANTS, JE PENSE.
EST-CE QUE CELA NE POURRAIT PAS PLUTÔT ÊTRE PARCE QUE THIERRY EST FOU DE PLANTES SAUVAGES ET QU'IL VEUT RECRÉER LES CONDITIONS POUR EN AVOIR ?
VOILÀ THIERRY, ON A QU'À LUI DEMANDER.
PFF.. FAUT VRAIMENT QUE J'ACHÈTE UN ENROULEUR PLUS LONG UN DE CES JOURS !
26

BIP, BIP, BIP.
ÇA Y EST, IL EST 14 HEURES !
?
VRRRR
VRRRRR...
BIP, BIP, BIP...
VRRR
VRRRR
VRRR...
VRRR...
VRRR...
PIANG, IL EST 18 H 30, TU NE T'ARRÊTERAIS PAS ?
LA RÈGLE, C'EST LA RÈGLE, C'EST MARQUÉ DANS LE RÈGLEMENT DE COPROPRIÉTÉ...
VRRR...
"VOUS DEVEZ TONDRE DE 14 HEURES À 19 HEURES, MAIS PAS LE DIMANCHE ET LES JOURS FÉRIÉS !"...
JE NE POURRAI ARRÊTER QUE DANS UNE DEMI-HEURE !
32

AU LIEU DE FAIRE DU GRAS DEVANT LA TÉLÉ, VOUS ALLEZ FISSA ME RAMASSER TOUTES LES FEUILLES QU'IL Y A DANS LE JARDIN !
AH NON, MON PETIT PAPA, PAS AUJOURD'HUI !
PARCE QUE C'EST UN JOUR SPÉCIAL !
BONNE FÊTE PAPA !!!
C'EST VRAI QUE C'EST MA FÊTE...
C'EST QUOI ?
C'EST QUOI ?
C'EST QUOI ?
SCRITCH
WAH ! TROP COOL !
LE TOP DU SOUFFLEUR AVEC TOUTES LES OPTIONS ! ERGONOMIQUE ET TOUT ÇA...
TU ES CONTENT ?
ET COMMENT ! ... JE VAIS L'ESSAYER TOUT DE SUITE !
ET ATTENTION À PAS ME LE RAYER, HEIN ?!
FJJJ
25

MAZETTE, ILS SONT PAS DONNÉS LEURS PORTILLONS EN BOIS !
JARDISHOP
BAH, C'EST VRAI QUE JE L'AI PAYÉ UN PEU CHER, MAIS JE VAIS VITE RENTRER DANS MES FRAIS.
TU VAS LE REVENDRE ?
NON, J'AI TROUVÉ LE MOYEN DE RENTABILISER MON JARDIN...
AH BON ?
C'EST UNE IDÉE TOUTE BÊTE ET SUPER À LA MODE...
AVEC TOUS LES TOURISTES QUI NE VONT PAS TARDER À DÉBOULER, ÇA VA ÊTRE MÉCHAMMENT RENTABLE !
T'EN PENSES QUOI ?
TU PRÉFÈRES PAS ATTENDRE QUE ÇA POUSSE UN PEU PLUS ?
POURQUOI ?
SUPER LABYRINTHE
TROUVEREZ-VOUS LA SORTIE ?
ENTRÉE : 12€
ENTRÉE
SORTIE
PRIVÉ
23

EAU
PROMO
C'EST BON, J'AI TROUVÉ TOUT CE QU'IL FAUT POUR FINIR LE MASSIF !
C'EST PAS VRAI... TU T'ES ENCORE FAIT AVOIR !?
?
TU T'ES ENCORE FAIT PLUMER AU JARDISHOP! ILS TE VENDENT VRAIMENT CE QU'ILS VEULENT LÀ-BAS !
BEN... POURQUOI TU DIS ÇA THIERRY ?
THOMAS A ÉTÉ AU JARDISHOP ACHETER LES AZALÉES QU'ON DEVAIT PLANTER... ET REGARDE AVEC QUOI IL EST REVENU !
DU TERREAU, DE L'ENGRAIS, DES TUTEURS...
ÇA, ÇA PEUT EFFECTIVEMENT ÊTRE UTILE...
TERREAU EXTRA
JARDISHOP
25 L
...UN ARROSOIR, DES OUTILS POUR PLANTER, UNE BÂCHE POUR LA NUIT...
LÀ C'EST UN PEU SUPERFLU...
BAH! OUI, MAIS TOUT ÇA VA LUI SERVIR... JE NE VOIS PAS POURQUOI TU DIS QU'IL S'EST FAIT AVOIR ?
PARCE QU'ILS LUI ONT MÊME VENDU L'EAU POUR ARROSER !!!
LE VENDEUR M'A DIT QUE C'ÉTAIT LA MEILLEURE EAU POUR LES AZALÉES,
ET LA CITERNE ÉTAIT EN SUPER PROMO...
LE TUYAU QUI VA AVEC AUSSI...
SUPER PROMO
22

ARROSAGE ÉCONOMIQUE GRÂCE À LA RÉCUPÉRATION DE L'EAU DE PLUIE...
MALIN NON ?
D'AILLEURS C'EST L'HEURE, ALLEZ, ZOUUUUMMPFFFF !
PAF
QUEL ÂNE ! JE N'AI PAS PENSÉ À ÇA ! COMMENT JE VAIS LE BOUGER JUSQU'AU JARDIN MON BIDON ?
D'UN CÔTÉ, IL FAUT QU'IL SOIT PLEIN POUR QUE JE PUISSE ARROSER MAIS, S'IL EST PLEIN JE N'ARRIVE PAS À LE DÉPLACER...
T'AS SÛREMENT UNE SOLUTION ?!
PFFF
ET SI TU UTILISAIS UN TUYAU ?
SUPER IDÉE !
EN PLUS, J'EN AI UN TOUT NEUF !
OUAIS, BEN ELLE EST PAS SI TOP QUE ÇA TON IDÉE !
ÇA HUMMMPFFF !!! BOUGE PAS D'UN POUCE !
31

POUR VOTRE PROBLÈME DE DÉSHERBAGE, JE VOUS CONSEILLE UN DÉSHERBEUR THERMIQUE.
JARDISHOP
VOUS VOYEZ, LE PRINCIPE EST SIMPLE, VOUS DIRIGEZ LA FLAMME AU CŒUR DE LA MAUVAISE HERBE, ET CELLE-CI BRÛLE...
ET ELLE NE REPOUSSERA PLUS !
C'EST GÉNIAL, PAS BESOIN DE TRAITER, DE FAIRE ATTENTION AU TEMPS POUR QU'IL NE PLEUVE PAS, ET TOUT, ET TOUT...
JE NE VOUS LE FAIS PAS DIRE !
CAISSES
LA CAISSE EST PAR LÀ...
AH, T'AS ACHETÉ UN DÉSHERBEUR THERMIQUE ?
OUI, C'EST UNE MERVEILLE CE TRUC ! ÇA DEVIENT PRESQUE UN PLAISIR DE DÉSHERBER !
DIS-MOI PIANG, EST-CE QUE TU SAIS VRAIMENT REPÉRER LES MAUVAISES HERBES ?
... POURQUOI ?
PARCE QUE LE LIERRE, CE N'EST PAS UNE MAUVAISE HERBE...
PLUTÔT UNE PLANTE MONTANTE...
ET ELLE PEUT MONTER HAUT...
JUSQU'AU TOIT MÊME !!!
?
24

JE SAÏS... JE SAÏS... J'AURAÏS DÛ ME MÉFIER DE CET ENGRAIS UKRAÏNIEN !
MADE IN TCHERNOBYL!!!
30

ENCORE UN BUT DE FOLIE !
DANS TES RÊVES !
HÉ, HO ! SÉRIEUX. C'EST VOTRE RAISON DE VIVRE, D'ATOMISER MA PELOUSE ?!
VOTRE PÈRE A RAISON, LES ENFANTS, SURTOUT MAINTENANT QUE NOUS AVONS UN SI JOLI GAZON...
IL VA BIENTÔT POUVOIR COMMENCER À PLANTER QUELQUES ROSIERS ET ARRANGER UN PARTERRE DE FLEURS...
... INSTALLER UN BASSIN AVEC DES POISSONS, ET ALIGNER DES PAS JAPONAIS POUR L'ENTRÉE ...
... ET PUIS SURTOUT, PENSER À CETTE DÉCO EN PIERRE QU'IL ME PROMET DEPUIS DES ANNÉES...
PAS VRAI, CHÉRI ?
'TTENTION À LA CONTRE-ATTAQUE !!!
35

T'EN PENSES QUOI DE CELLE-LÀ ?
MOUAIS... ELLE EST PAS TROP MAL.
VOUS N'AURIEZ PAS UNE FOUGÈRE UN PEU PLUS FOURNIE ? PLUS TOMBANTE ?
HMM... VOYONS ?
J'AI CELLE-CI PAR EXEMPLE ?
ELLE POURRAIT FAIRE L'AFFAIRE...
NON ! CELLE-LÀ ! C'EST PILE CE QU'ON RECHERCHE !
WAH MAGNIFIQUE !
NON, NON, PAS LA PEINE DE L'EMBALLER, C'EST POUR UTILISER TOUT DE SUITE !
MERCI !
?
UTILISER TOUT DE SUITE ?
HOP ! ...PEINARDS POUR LA JOURNÉE !
!?
FLEURI
33

JARDI SHOP
MOUAIS ... PAS MAL !
JARDI SHOP
POF
POF
POF
37

PARFAIT !
BONJOUR MONSIEUR, JE VOUDRAIS M'ACHETER UNE BÊCHE, VOUS POUVEZ ME CONSEILLER ?
BIEN SÛR !
VOUS VOULEZ UNE BÊCHE SIMPLE, À TRANSPLANTER, DE ROCAILLE, OU POINTUE ?
BEN, JE VOUDRAIS UNE BÊCHE POUR RETOURNER MON TERRAIN...
J'HABITE EN VILLE...
QUE VAUT-IL MIEUX QUE JE PRENNE ?
ALORS JE VOUS CONSEILLE CE PRODUIT... UN OUTIL HOLLANDAIS EN INOX FORGÉ À LA MAIN ...
PAS MOINS DE 16 ÉTAPES ONT ÉTÉ NÉCESSAIRES À SA FABRICATION !
UN OUTIL IDÉAL !
TOC
TOC
?
SUPER ! C'EST EXACTEMENT CE QU'IL ME FAUT, JE LA PRENDS !
?
POF
POF
ME METTRE AU JARDINAGE, D'ACCORD...
MAIS LA PROCHAINE FOIS, PRENDS AU MOINS MA POINTURE !
38

MON MARI EST BIZARRE, DOCTEUR ...
IL SE RÉVEILLE LA NUIT POUR VÉRIFIER ET SOIGNER SES PLANTATIONS...
C'EST QU'ELLES AVAIENT SOIF, MES CHÉRIES ...
HEUREUSEMENT, PAPA EST LÀ ...
IL SAUTE DE JOIE QUAND IL PLEUT...
YES !
DE LA BONNE PLUIE-PLUIE POUR MES TOMATES !
IL PARLE À SES FLEURS ...
MON AMOUR MON COEUR ...
TOI QUI ES BELLE, QUI ES UNE SPLENDEUR,
ACCEPTE COMME PRÉSENT CET ENGRAIS SPÉCIAL PRINTEMPS...
IL ÉGALISE LE GAZON AVEC DES CISEAUX !
BOUGE PAS, BOUGE PAS !
JE NE VOUDRAIS PAS TE FAIRE MAL !
QU'EST-CE QU'IL A, DOCTEUR ?
VOTRE MARI EST DÉPENDANT AFFECTIF AU JARDINAGE ... FONDU DE JARDINAGE SI VOUS PRÉFÉREZ !
ALORS QU'EST-CE QUE VOUS ALLEZ POUVOIR FAIRE, DOCTEUR ?
J'AI UN TRAITEMENT POUR VOTRE MARI, MAIS ÇA VA PRENDRE DU TEMPS... ON COMMENCE DEMAIN !
BONJOUR, MOI C'EST THIERRY, ET TOI ? TU VEUX VENIR VIVRE CHEZ MOI ? J'AI DE LA TRÈS BONNE TERRE.
APRÈS, VOUS VOUS OCCUPEREZ DE MES FORSYTHIAS, THIERRY !
ET SURTOUT PAS UN MOT À VOTRE FEMME !

34

15 MAI
KARINE, VU QUE TU TE METS AU JARDINAGE, JE VAIS TE DONNER UN PETIT CONSEIL...
LE SECRET, C'EST D'ABORD DE CHOISIR LE BON EMPLACEMENT...
BIEN AU SOLEIL !
IL FAUT PLANTER UN TUTEUR QUI SOUTIENDRA TA PLANTE.
PUIS TU CREUSES UN TROU LONG ET PEU PROFOND POUR ÉVITER QUE LES RACINES SE TROUVENT DANS LA TERRE FRAÎCHE ET HUMIDE.
UN TRUC DE JARDINIER, METS QUELQUES FEUILLES D'ARBRE AU FOND DU TROU AVANT D'Y PLACER TES PLANTS !
AU PIED, TU SUPPRIMES UNE PARTIE DES FEUILLES DES PLANTES, ET TU LES COUCHES EN PRENANT SOIN D'APPUYER LEUR TÊTE CONTRE LE TUTEUR...
VOILÀ, TU SAIS TOUT, À TOI D'AGIR POUR LA SUITE.
31 MAI
17 JUIN
ALORS, TU AS DES RÉSULTATS ?
SUUUPER ! MAIS FRANCHEMENT IL Y AVAIT UN MOYEN DE SIMPLIFIER TA TECHNIQUE.
LA PROCHAINE FOIS, JE ME PASSERAI DE TOMATES !
?
JE SUIS CERTAINE QUE LE BAMBOU PEUT POUSSER SANS ÇA !
40

RÉGINAAA !!!
EST-CE QUE C'EST PLUS IMPORTANT QUE MON ÉMISSION SUR LE REMPOTAGE ?
MMH MMH !
J'AI FINI D'INSTALLER TON TOUT NOUVEAU PARTERRE DE FLEURS !
WAHOU !
ET J'AI TOUT FAIT POUR QU'ELLES SOIENT LES PLUS MAGNIFIQUES POSSIBLE !
J'AI ACHETÉ LA MEILLEURE TERRE QUE J'AIE PU TROUVER...
À CRÉDIT !
J'AI PASSÉ DES NUITS ENTIÈRES À CALCULER L'EXPOSITION AU SOLEIL IDÉALE...
IL Y A BIEN SÛR L'ARROSAGE INTÉGRÉ...
ET LE TOP DU TOP...
J'AI TOUT PLANTÉ SUR DU FUMIER DE YACK DU TIBET !
NE ME REMERCIE PAS...
C'EST 100% NATUREL !
AAARRGH !
39

IL VAUT PAS UN KOPECK, CE TAILLE-HAIE !
VRRRRR
TU RIGOLES ? C'EST LA MEILLEURE MARQUE SUR LE MARCHÉ !
BEN ALORS, C'EST LA LAME QUI EST FOUTUE !
T'AS VU COMME JE DOIS FORCER POUR QUE ÇA COUPE ?
ÇA, C'EST PARCE QUE TU N'AS PAS VOULU M'ÉCOUTER ...
AU LIEU DE PRENDRE LE MODÈLE NORMAL ...
MONSIEUR A VOULU ACHETER CELUI AVEC LA PLUS LONGUE LAME !
36

MAURICE ! JE N'AI JAMAIS VU UN JARDIN AUSSI COLORÉ QUE LE TIEN !
JE SAIS !
TON BUIS ROUGE PAR EXEMPLE, JE NE SAVAIS MÊME PAS QUE ÇA EXISTAIT !
HÉ, HO, C'EST PAS DU BUIS ROUGE ...
C'EST DU BUIS ALEZAN...
C'EST PAS VRAIMENT ROUGE !
PAS CONFONDRE !
ET J'EN AI AUSSI DU VERT PROVENCE, DU TOUT AUTOMNAL...
ET DU ORANGE BOISÉ, JUSTE DERRIÈRE TOI !
MON PRÉFÉRÉ !
MAIS... C'EST QUOI COMME VARIÉTÉ ?
DU PANTICOLOR® SOUS PRESSION... T'AS TOUTES LES COULEURS QUE TU VEUX POUR PAS CHER.
41

LAISSE-MOI DEVINER, TU AS ENFIN TERMINÉ L'AMÉNAGEMENT DE TON JARDIN, AVEC LEQUEL TU ME BARBES DEPUIS TROIS MOIS, C'EST ÇA ?
VOUIII ! CONTENTE! CONTENTE!
JE M'Y SUIS MISE TÔT CE MATIN POUR FAIRE LA SURPRISE À THIERRY...
C'EST TROP BEAU... OBJECTIVEMENT !
VIENS VOIR ! J'AI INSTALLÉ DE GROSSES VASQUES, ET AUSSI DES JARDINIÈRES DE TOUTES FORMES..
?
DES PAS JAPONAIS, UNE COLONE GRECQUE, UN FAUX PUITS AVEC DE LA VRAIE EAU ...
J'AI TROP ENVIE DE VOIR TA RÉACTION !
RAAAH
FRANCHEMENT RÉGINA, TU DEVRAIS PAS LAISSER TRAÎNER TOUTES TES BRICOLES DANS LE JARDIN !
VRRRR
COMMENT VEUX-TU QUE J'ARRIVE À PASSER LA TONDEUSE AVEC TOUT ÇA ?

42

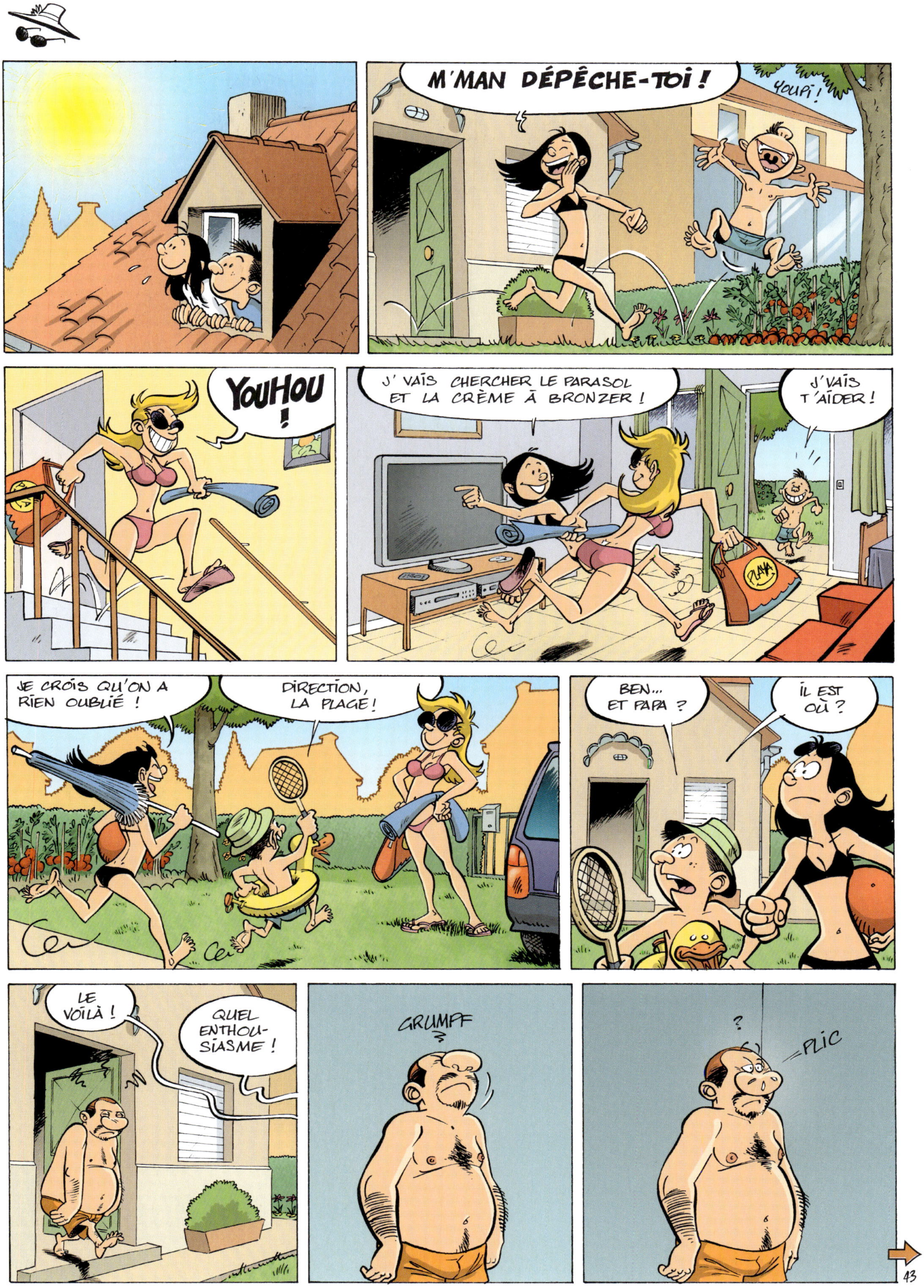
M'MAN DÉPÊCHE-TOI !
YOUPI !
YOUHOU !
J' VAIS CHERCHER LE PARASOL ET LA CRÈME À BRONZER !
J'VAIS T'AIDER !
JE CROIS QU'ON A RIEN OUBLIÉ !
DIRECTION, LA PLAGE !
BEN... ET PAPA ?
IL EST OÙ ?
LE VOILÀ !
QUEL ENTHOUSIASME !
GRUMPF
PLIC
43

44

DIMARTINO - RICHEZ - CAZENOVE

AVEC VOS LÉGUMES, VOUS PRENDREZ BIEN UN PEU DE POISSON ?

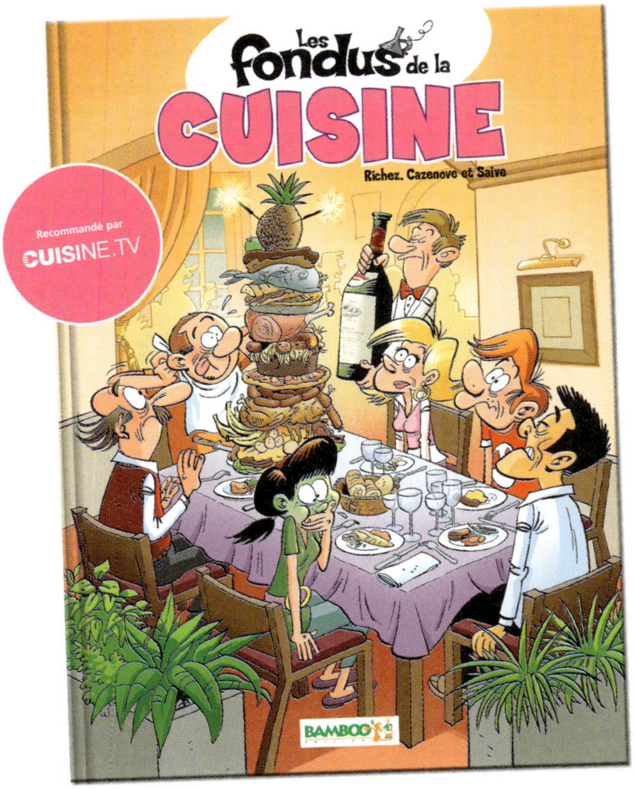

LES FONDUS DE LA CUISINE :

La première BD qui donne faim !

SORTIE
DU TOME 1
LE 16 JANVIER

LES FONDUS DE LA PÊCHE :

Bienvenue au festival de cannes !

SORTIE DU TOME 1 LE 27 FÉVRIER

À découvrir aux éditions BAMBOO

10 tomes + 1 n° spécial

Les Profs
Scénario : Erroc
Dessins : Pica

10 tomes + 1 bêtisier

Les Gendarmes
Scénario : Sulpice & Cazenove
Dessins : Jenfèvre

7 tomes

Les Pompiers
Scénario : Cazenove
Dessins : Stédo

8 tomes

Les Fonctionnaires
Scénario : Beka
Dessins : Bloz

6 tomes

Les Toubibs
Scénario : Bélom & Gégé
Dessins : Sirvent

5 tomes

Les Commerciaux
Scénario : Plumeri & Boitelle
Dessins : Bloz

6 tomes

L'Auto-École
Scénario : Cazenove
Dessins : Amouriq
TOME 6 JUIN 08

2 tomes
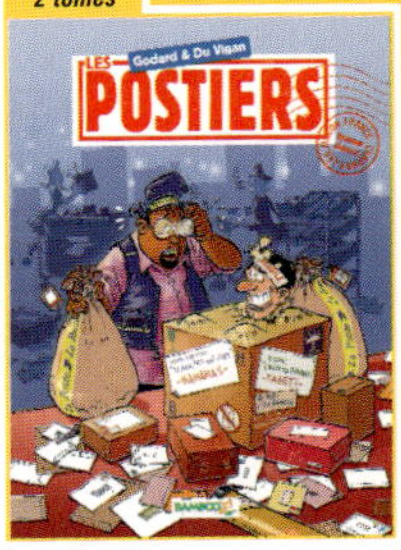

Les Postiers
Scénario : Godard
Dessins : Du Vigan

2 tomes

Les Informaticiens
Scénario : Reynès & Brrémaud
Dessins : Toulon

4 tomes

Les Musicos
Scénario : Erroc & Jenfèvre
Dessins : Janvier
TOME 4 JUIN 08

2 tomes

Plans de carrière
Scénario : Erroc
Dessins : Yannick

1 tome

Interim agency
Scénario : Swysen
Dessins : Swysen

5 tomes

Basket Dunk
Scénario : Cazenove & Plumeri
Dessins : Mauricet

6 tomes

Les Footmaniacs
Scénario : Béka
Dessins : Saive

3 tomes
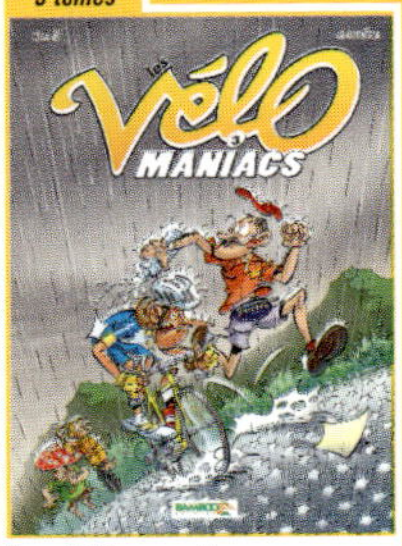

Les Vélomaniacs
Scénario : Garréra
Dessins : Julié

6 tomes

Les Rugbymen
Scénario : Béka
Dessins : Poupard

4 tomes

Les Pétanqueurs
Scénario : Cazenove
Dessins : Curd Ridel
TOME 4 JUIL. 08

2 tomes

Dôjô - Le Temple des Arts Martiaux
Scénario : Amouriq
Dessins : Amouriq

2 tomes

Triple Galop
Scénario : du Peloux
Dessins : du Peloux

1 tome

Studio danse
Scénario : Béka
Dessins : Crip

1 tome
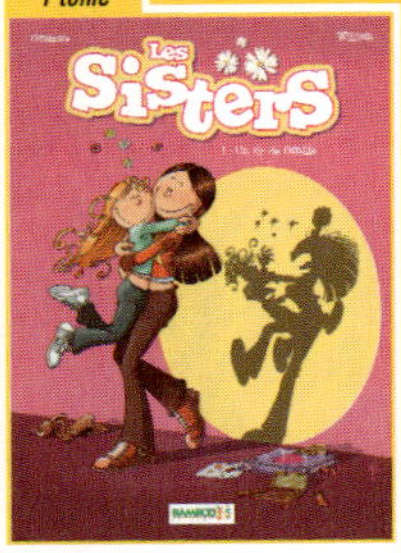

Les Sisters
Scénario : Cazenove
Dessins : William

6 tomes

Les Ripoupons
Scénario : Gégé & Bélom
Dessins : Gégé

3 tomes
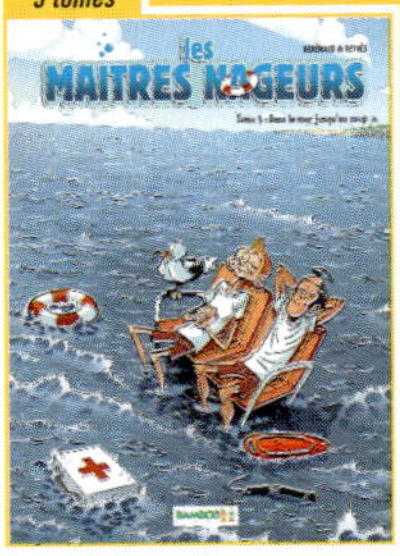

Les Maîtres Nageurs
Scénario : Brrémaud & Reynès
Dessins : Reynès
TOME 3 JUIL. 08

3 tomes
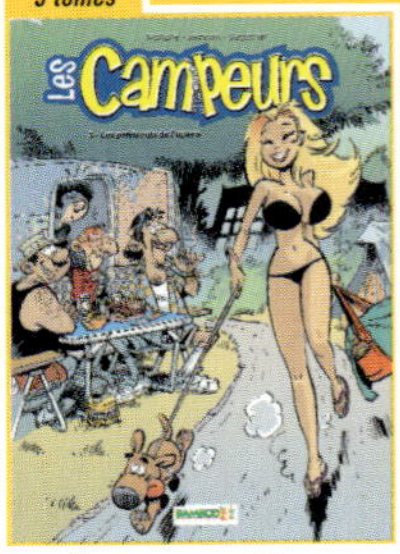

Les Campeurs
Scénario : Swinnen & Dugomier
Dessins : Maltaite
TOME 3 JUIL. 08

3 tomes

Raoul & Fernand
Scénario : Erroc
Dessins : Erroc

1 tome

Les Puceaux
Scénario : Nicolin & Chammas
Dessins : Chammas

1 tome

Plan Drague
Scénario : Cazenove & Sulpice
Dessins : Jytéry

1 tome

Plan Drague nouvelle génération
Scénario : Cazenove & wingrove
Dessins : Wozniak

1 tome

Chinn
Scénario : Escaich
Dessins : Vervisch

1 tome

Nationale Zéro
Scénario : Janssens
Dessins : Maltaite